Anthony Kemp

DIE INVASION

100 Tage Schlacht um die Normandie

Deutsche Bearbeitung: Büro Winter, Caen

MEMORIAL
CAEN NORMANDIE

ÉDITIONS OUEST-FRANCE
13, rue du Breil, Rennes

Eine Invasion wird geplant

◁ Bunker am Atlantikwall und Strandhindernisse

Die Operationen Sledgehammer und Roundup

Mit dem Angriff der Japaner im Dezember 1941 auf die US-Pazifikflotte in Pearl Harbour wurde die mächtigste Industrienation der Welt in den Konflikt hineingezogen, und im folgenden Monat bildeten Briten und Amerikaner auf einer Konferenz in Washington einen gemeinsamen Stab und beschlossen, daß der Sieg über Deutschland vorrangiges Ziel sei; doch blieben grundlegende Differenzen zwischen den beiden Alliierten bestehen. Die Amerikaner wollten den Druck auf die bedrängte Sowjetunion durch einen Angriff im Raum Pas de Calais im Sommer 1942 (Operation Sledgehammer), gefolgt von einer größeren Invasion im darauffolgenden Jahr (Operation Roundup), verringern. Die Briten zogen einen Angriff im Mittelmeerraum vor, und ihre Vorsicht erwies sich im August 1942 als begründet, als ein großangelegter Kommandoangriff auf Dieppe abgewehrt wurde. Abgesehen von der Tatsache, daß die feindlichen U-Boote immer noch mehr Schiffe im Atlantik versenkten, als die Alliierten bauen konnten, waren für eine Überquerung des Kanals zu diesem Zeitpunkt nicht genug Landungsfahrzeuge verfügbar. Statt dessen entschieden sich die Alliierten für eine gemeinsame Invasion in Nordafrika im November 1942 (Operation Torch) unter dem Befehl eines unbekannten amerikanischen Generals namens Eisenhower.

Casablanca und COSSAC

Nach der erfolgreichen Landung in Nordafrika trafen die Regierungschefs der Alliierten im Januar 1943 in Casablanca zusammen, wo sie die Bildung eines gemeinsamen Planungsstabs beschlossen, der unter dem Namen COSSAC bekannt wurde. Er stand unter dem Befehl eines britischen Generals und hatte die Aufgabe,

▽ Amerikanisches Plakat aus der Zeit des Krieges

Eine Invasion wird geplant

3

Amerikanisches Plakat für Kriegsanleihen.

Willys Jeep - das Zugpferd der Alliierten Streitkräfte im Jahre 1944.

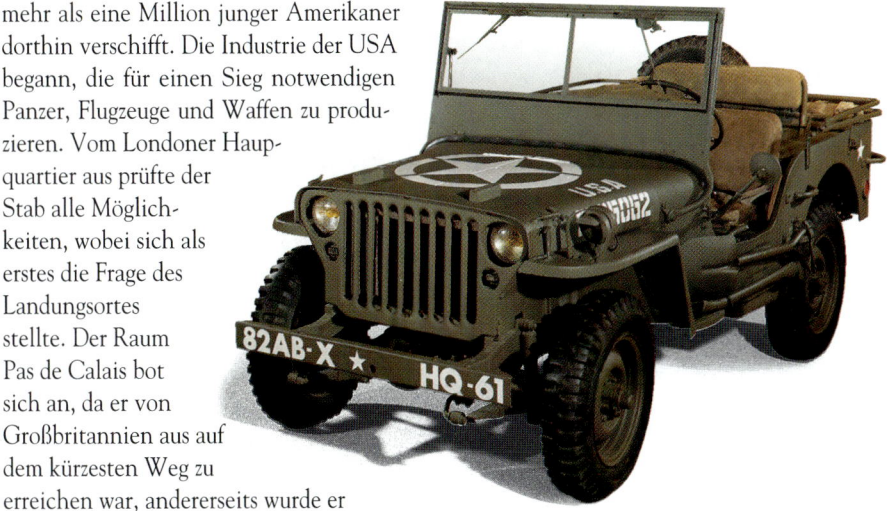

eine Großinvasion in Europa für den Sommer 1944 zu planen. Obwohl die Bedrohung durch U-Boote noch unvermindert hoch war, sollte sich das Blatt bald wenden, als die Entwicklung neuer Radargeräte den Alliierten die Sicherung der lebenswichtigen Geleitzugrouten im Atlantik ermöglichte. Die Operation Bolero, die einer friedlichen Invasion Großbritanniens glich, lief an. Dabei wurden mehr als eine Million junger Amerikaner dorthin verschifft. Die Industrie der USA begann, die für einen Sieg notwendigen Panzer, Flugzeuge und Waffen zu produzieren. Vom Londoner Hauptquartier aus prüfte der Stab alle Möglichkeiten, wobei sich als erstes die Frage des Landungsortes stellte. Der Raum Pas de Calais bot sich an, da er von Großbritannien aus auf dem kürzesten Weg zu erreichen war, andererseits wurde er aber auch am heftigsten verteidigt. Die einzige andere Region mit geeigneten Stränden war die normannische Küste zwischen den Flüssen Orne und Vire. Für die in England stationierten Kampfflugzeuge bedeutete dies eine extrem lange Anflugstrecke, doch die Verteidigungsanlagen waren entsprechend schwächer.

Der Atlantikwall

Als Hitler im Sommer 1941 die Sowjetunion angriff, war er gezwungen, im Westen stationierte Truppen abzuziehen, und er beschloß, die gesamte Küstenlinie von Norwegen bis zu den Pyrenäen zu befestigen. Dies war ein gigantisches Unternehmen, das jedoch erst im Sommer 1942 ernsthaft in Angriff genommen wurde und zum Zeitpunkt der alliierten Invasion nicht vollendet war. Der Atlantikwall bestand im Wesentlichen aus schweren Artilleriegeschützen, Infanteriestützpunkten, Minenfeldern und Betonbunkern, unterstützt durch eine Kette leistungsfähiger Radarstationen. Am stärksten konzentriert waren die Verteidigungsstellungen im Raum Calais und an den wichtigsten Häfen wie Cherbourg und Le Havre. Die Schwäche des Konzepts lag vor allem in der mangelnden Tiefe und darin, daß es bei einem Einbruch in die äußeren Befestigungslinien weiter im Inland keinerlei Stellungen mehr gab. Die Alliierten, dank der französischen Résistance bestens mit Plänen der Befestigungsanlangen versorgt, waren zuversichtlich, daß ein Durchbruch möglich sein würde. Ein weiteres Problem der Deutschen war der Mangel an Truppen zur Bemannung des Walls, weshalb sie auf gering qualifizierte Divisionen zurückgreifen mußten, die aus älteren Männern und vielfach auch russischen "Freiwilligen" bestanden, die den Dienst in deutscher Uniform dem Hungertod in den Gefangenenlagern vorzogen.

Die Situation der Deutschen

Oberbefehlshaber im Westen war Feldmarschall von Rundstedt, dem die Verteidigung einer 5000 km langen Küstenlinie oblag, doch sein Titel war mehr oder weniger illusorisch, da Hitler in seinem fernen Hauptquartier alle wichtigen Truppenbewegungen bestimmte. Den Befehl über die Heeresgruppe B, die zwischen der Schelde und der Loire stationiert war, hatte Feldmarschall Rommel, dessen verteidigungsstrategische Vorstellungen denen seines Vorgesetzten diametral entgegengesetzt waren. Rundstedt war dafür, die Alliierten landen zu lassen und, sobald er die Richtung ihres Vorstoßes erkannt hatte, eine massive Gegenoffensive mit in der Umgebung von Paris stationierten Reservetruppenteilen zu führen. Rommel hingegen glaubte, daß die Alliierten nur bei der Landung an den Stränden zurückgeschlagen werden könnten und begann nach seiner Ankunft im Januar, seine gesamte Front massiv mit Hindernissen zu bestücken. Es handelte sich dabei um Minenfelder, Stacheldraht, Rammpfähle und Beton-

Feldmarschall Rommel auf Inspektionsreise am Mont-Saint-Michel.

Luftabwehr-Truppen beim Training mit schweren Geschossen.

Panzerfallen, die zwischen Ebbe- und Flutmarke aufgestellt wurden.

Zur Verteidigung der Normandie selbst war die deutsche 7. Armee mit nur vier schwachen Divisionen in den Küstenstellungen eingesetzt, die nur unzureichend mit Motorfahrzeugen und Munition ausgerüstet waren. Die Heeresgruppe B verfügte nur über eine einzige Panzerdivision in diesem Gebiet, die um Caen stationierte 21. Panzerdivision, und die Panzerreserven durften nur mit Erlaubnis Hitlers bewegt werden. Diese verwickelte Befehlskette sollte sich am Morgen des D-Day als fatal erweisen.

Der Aufbau der Truppen in Großbritannien

Das geplante Landungsvorhaben sollte die größte amphibische Operation aller Zeiten werden, und alles mußte ohne die Hilfe von Computern berechnet werden. Ein großes Problem war die Unerfahrenheit der ins Land strömenden neuen amerikanischen Divisionen, und es wurden riesige Areale auf dem Land zur Einrichtung von Ausbildungslagern beschlagnahmt. Auch die Briten und Kanadier mußten in Topform gebracht werden, ehe sie zur Vorbereitung der Einschiffung nach Süden gebracht wurden. Die gesamte britische Südküste glich einem riesigen Heereslager: Straßen wurden verbreitert, damit schwere Panzer sie befahren konnten, auf dem freien Feld wurden vorgelagerte Flugplätze gebaut, Materialdepots wurden eingerichtet und viele Kilometer zusätzlicher Bahnstrecken verlegt. In den Häfen und Flußmündungen begann sich die Invasionsflotte zu sammeln, von verschiedenen mächtigen Kriegsschiffen bis zu Tausenden kleiner Landungsboote, die gebraucht wurden, um die Männer ans Ufer zu bringen. Währenddessen machten sich kleine Gruppen sehr mutiger Männer in winzigen U-Booten auf, um heimlich die feindlichen Küstenlinien zu erkunden und den letzten Stand der Verteidigungsanlagen zu studieren.

Für alle, auch für die Deutschen, war offenkundig, daß eine größere Operation geplant war, doch nur einer sehr kleinen Gruppe von Stabsoffizieren war bekannt, wann und wo die Landung erfolgen würde.

Die technische Planung der Invasion

Aus dem Angriff auf Dieppe hatten die Stabsoffiziere eine Reihe wichtiger Lehren gezogen. Die erste war, daß es äußerst schwierig sein würde, einen größeren Hafen einzunehmen, dessen Anlagen völlig intakt waren. Deshalb beschlossen sie, zwei vorgefertigte Behelfshäfen mit in die Normandie zu bringen, von denen jeder größenmäßig dem Hafen von Dover entsprach. Diese Konstruktionen mit dem Decknamen "Mulberry" bestanden aus einem äußeren Wellenbrecher aus riesigen Beton-Senkkästen und Molen, die sich mit den Gezeiten hoben und senkten, durch schwimmende Landungsstege mit dem Ufer verbunden. Die einzelnen Elemente wurden in England gebaut und erst nach erfolgreicher Landung über den Kanal geschleppt.

Die zweite Lehre aus dem Desaster von Dieppe war, daß Infanterie an einem ungeschützten Strand sehr verwundbar ist und die Unterstützung von Panzern benötigt. Der britische General Percy Hobart wurde mit der Leitung einer Geheimeinheit betraut, die eine ganze Reihe gepanzerter Spezialfahrzeuge, "Hobart's funnies" genannt, entwickelte. Das wichtigste davon war ein Sherman-Panzer, der mit einer wasserdichten "Schürze" ausgestattet war und mit Doppelpropellern über das Meer bewegt werden konnte. An Land wurde die Schürze abgeworfen, und das Fahrzeug konnte wie ein normaler Panzer operieren. Zu den weiteren Varianten gehörten ein mit einem Flammenwerfer ausgestat-

Ketten-Minenräumer, "Krabbe" gennant.

Eine Invasion wird geplant

7

Kanadisches Propagandaplakat.

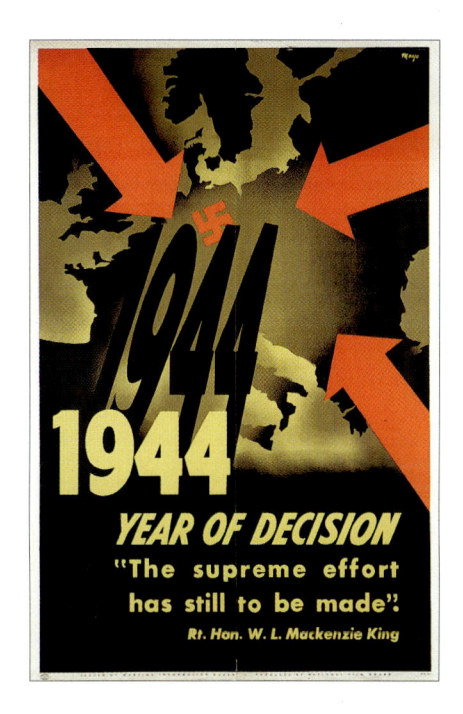

teter Panzer, verschiedene Brückenlegepanzer, ein auf ein Panzerchassis montierter schwerer Minenwerfer zur Zerstörung von Betonbunkern, und ein vorn mit rotierenden Ketten bewehrter Minenräumpanzer, der Wege durch Minenfelder schlagen sollte.

Angesichts der großen Zahl der beteiligten Fahrzeuge war die Versorgung mit Treibstoff von entscheidender Bedeutung, und eine andere Gruppe von Ingenieuren entwickelte eine flexible Rohrleitung, genannt "Pluto". Die Leitungen, auf riesige Trommeln gewickelt, wurden abgerollt, während diese langsam über den Kanal geschleppt wurden. Nach und nach wurden mehrere derartige Leitungen zwischen der Südküste Englands und Cherbourg verlegt.

Die Kommandostruktur bei den Alliierten und der Plan

Da die Amerikaner hinsichtlich der Truppenzahl und Materialausstattung deutlich stärker repräsentiert waren, erhielt General Eisenhower den Oberbefehl, und zu seinem Stellvertreter wurde ein Brite ernannt. Die Engländer stellten zudem die Luftwaffen- und Marinebefehlshaber, und der erfahrene General Montgomery wurde Oberbefehlshaber über die gesamten Landstreitkräfte für "Overlord", wie man die Operation inzwischen nannte. Als Montgomery Anfang Januar 1944 in England eintraf und ihm die neueste Version des COSSAC-Plans für eine Reihe von Landungsoperationen in der Normandie vorgelegt wurde, sprach er sich sofort für einen sehr viel breiteren Landungskopf mit stärkeren Truppen aus. Das brachte wiederum Probleme mit sich, da nicht genügend Landungsfahrzeuge verfügbar waren, so daß der Abzug von Schiffen aus dem Mittelmeer erforderlich wurde.

Montgomery perfektionierte in harter Arbeit den Gesamtplan und legte dem Generalstab die endgültige Fassung am 15. Mai in London vor, woraufhin die verschiedenen Stäbe zu ihren Hauptquartieren an der Südküste ausschwärmten. Die Opera-

Karte der Einschiffungshäfen und der Routen der Konvois zu den Landungsstränden.

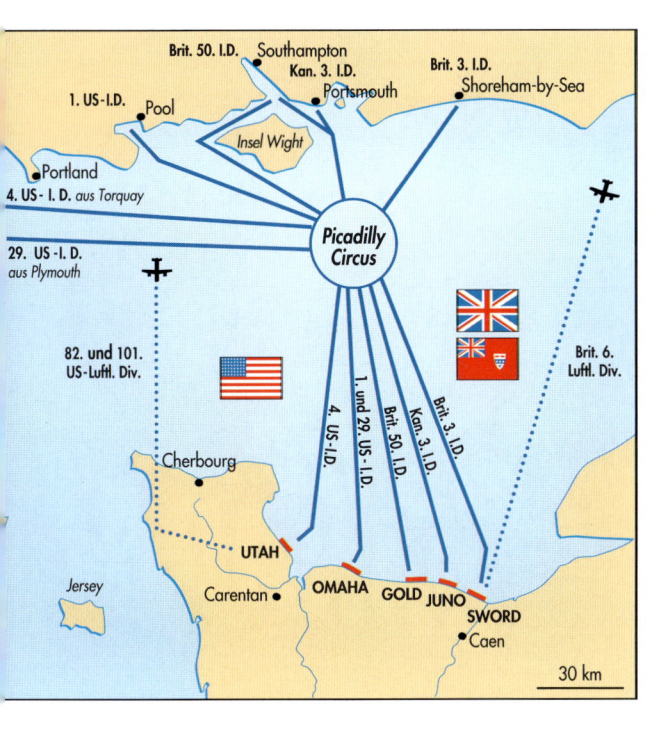

tion Overlord sollte kurz nach Mitternacht am "D-Day" mit der Absetzung von Luftlandetruppen östlich und westlich der Strände beginnen. Sie hatten den Auftrag, die Landungszone gegen deutsche Verstärkungstruppen abzuriegeln und entscheidende Wege ins Hinterland für die Truppen, die auf dem Seeweg eintreffen würden, zu sichern. Die nächste Phase bestand in einer massiven Bombardierung der feindlichen Verteidigungsstellungen durch Kriegsschiffe und Flugzeuge, wonach um 6.30 Uhr die ersten Truppen an Land gehen sollten. Von Westen nach Osten wurden fünf Strandabschnitte ausgewählt: "Utah" und "Omaha" für die Amerikaner, "Gold", "Juno" und "Sword" für die Kanadier und Briten.

Nun galt es nur noch, eine Reihe realitätsnaher Übungen für die Angriffstruppen unter Verwendung scharfer Munition auf englischen Strandabschnitten durchzuführen, die den Zielen in der Normandie ähnlich waren. Danach wurden die Männer in Speziallager nahe den Einschiffungshäfen gebracht, wo sie endlich erfuhren, wohin es ging, und Landkarten und Fotografien des Geländes studieren konnten, das sie angreifen sollten. Jeder Kontakt mit der Außenwelt wurde unterbunden, und der einzige Weg aus den Lagern führte auf einem Landungsschiff in die Normandie.

Operation Fortitude: das Täuschungsmanöver

Der massive Aufbau der Streitmacht in England konnte den Deutschen unmöglich verborgen bleiben, und deshalb bestand ein entscheidender Teil des Gesamtplans darin, sie glauben zu machen, die Landungsoperationen würden am Pas de Calais stattfinden. Zu diesem Zweck bildete man im Raum Dover eine nicht existierende Heeresgruppe, vorgeblich unter dem Befehl von General Patton, die einen fingierten Funkverkehr führte. Aufblasbare Panzer, Landungsfahrzeuge und hölzerne Flugzeugattrappen wurden auf den Feldern auf- gestellt, die die deutschen Piloten auf ihren Erkundungsflügen fotografieren "durften" - während man sie von den eigentlichen Ausschiffungshäfen weiter westlich fernhielt. Beim Auslaufen der echten Flotte in die Normandie sollten kleine Schiffe mit großen Ballons im Schlepptau den Kanal hinaufziehen, um die feindlichen Radarstationen zu täuschen, während die Stationen in der Normandie elektronisch gestört werden sollten, um sie auszuschalten. Selbst nach der tatsächlichen Landung blieben die meisten deutschen Kommandeure überzeugt, daß die Operationen in der Normandie nur ein Ablenkungsmanöver seien und eine Invasion im Raum Calais bevorstünde.

Eine Invasion wird geplant

8

Kanadisches Propagandaplakat.

Neptune und Overlord

Von links nach rechts: Luftwaffengeneral Tedder, General Eisenhower, General Montgomery. Hinten: General Bradley, Admiral Ramsey, Luftwaffengeneral Leigh-Mallory, General Bedell-Smith.

Aufschub

Der D-Day war ursprünglich für den 5. Juni geplant, der nach allgemeiner Auffassung ideale Bedingungen bieten würde: Vollmond für die Absetzung der Fallschirmjäger und eine kurze Zeit bei Tageslicht vor Beginn der eigentlichen Landeoperationen in Verbindung mit Ebbe, so daß die feindlichen Vorstrandhindernisse über dem Wasserspiegel liegen würden. Die Einschiffung der Truppen und Fahrzeuge begann vier Tage vorher, zu einer Zeit, als einige der größeren Schiffe sich bereits auf See befanden. Am 4. Juni tobte jedoch ein heftiger Sturm über dem Kanal, und Eisenhower stand vor der schwierigsten Entscheidung seines Lebens. Schließlich beschloß er, die Landung um 24 Stunden zu verschieben, und nach gründlichem Studium der Wetterkarte sagte sein Chefmeteorologe für den 6. Juni eine kurze Phase der Beruhigung voraus. Am Montag, dem 5. Juni, um 3.30 Uhr, sprach Ike, wie Eisenhower genannt wurde, im Hauptquartier in der Nähe von Portsmouth seine unsterblichen Worte: "OK, let's go".

Der Aufbruch

Die Überquerung des Kanals innerhalb der Operation Overlord erhielt den Namen "Neptune", und Admiral Ramsay hatte dazu eine umfangreiche Streitmacht zur Verfügung: 137 Kriegsschiffe für den Beschuß der deutschen Verteidigungsstellungen, 4000

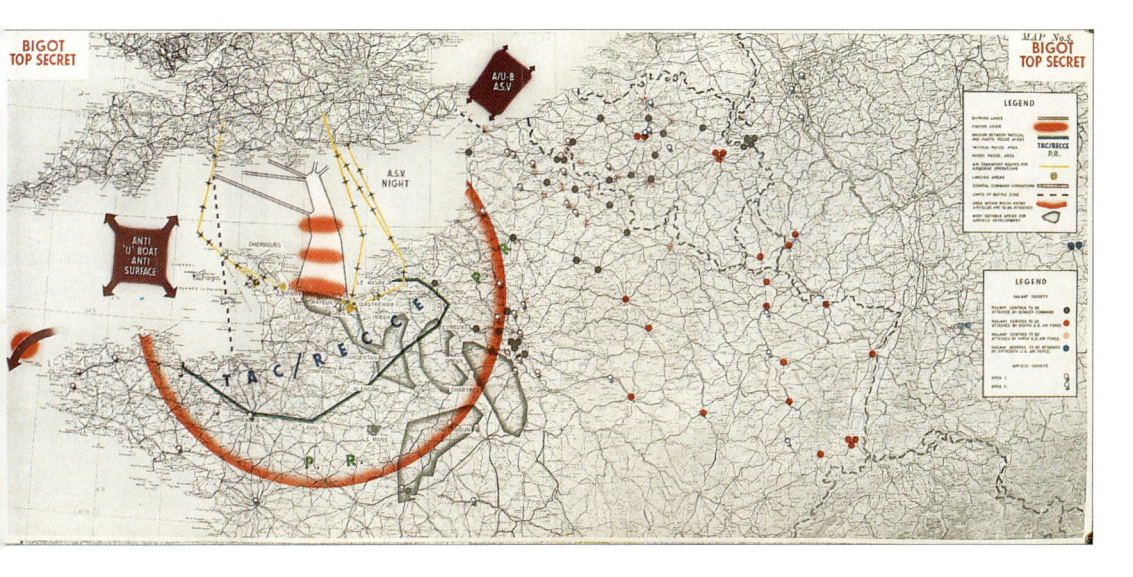

Karte (Ausschnitt) der geplanten Luftangriffe für den D-Day. Berichte der Royal Air Force.

Die Invasion

10

Die ersten Schlagzeilen.

Landungsboot beim Anlanden in Omaha Beach.

LCT (Landungsschiffe) in Southampton kurz vor dem D-Day.

Landungsfahrzeuge verschiedener Größen und fast 2000 Unterstützungsschiffe. Als die Flottenverbände in allen Häfen zwischen London und Plymouth die Anker lichteten, wußten die Besatzungen, daß die lange Zeit des Wartens zu Ende und dies keine weitere Übung war. Den meisten stand ihr erster Kampfeinsatz bevor, und die Mehrzahl von ihnen wurde entsetzlich seekrank, als die Schiffe im schweren Seegang wogten.

Die verschiedenen Geleitzüge steuerten einen südlich der Isle of Wight gelegenen Sammelpunkt mit dem Codenamen Picadilly Circus an, von dem aus sie sich in fünf Einsatztruppen auffächerten und in den von Minenräumflotillen geräumten Fahrrinnen Kurs auf die vorgesehenen Küstenabschnitte in der Normandie nahmen. Über ihnen patrouillierten die alliierten Luftstreitkräfte, um zu verhindern, daß feindliche Flugzeuge den Anzug der Flotte bemerkten, die gegen Mitternacht Position bezog, unbemerkt von den feindlichen Radarstationen, die erfolgreich gestört worden waren.

Die Landung aus der Luft

Während Admiral Ramsays Schiffe etwa 15 km vor der Küste auf Position gingen, näherten sich zwei große Transportflugzeug-Verbände mit drei Luftlandedivisionen. Als erste jedoch sollte eine kleine Gruppe britischer Kommandos am D-Day in Frankreich

Britische Truppen mit Ausrüstung in einem Horsa-Lastensegler.

Abzeichen der 82. US-Luftlandedivision.

▷ *Abzeichen der britischen Luftlandetruppen.*

▷▷ *Abzeichen der 101. US-Luftlandedivision.*

landen, die 16 Minuten nach Mitternacht in fünf Lastenseglern fast genau auf ihren Zielen, zwei wichtigen Brücken über die Orne und den Kanal zwischen Ouistreham und Caen, bruchlandeten. Die Männer kletterten aus den Wracks der Gleiter, rannten auf die Brücken zu und überwältigten die überraschten Verteidiger. Zu den weiteren Sonderoperationen in dieser Nacht gehörte ein Angriff auf die schwere Küstenbatterie in Merville und die Zerstörung mehrerer Brücken über die Dives, womit man das Anrücken feindlicher Verstärkungstruppen verhindern wollte.

Kurz darauf begannen die Vorausabteilungen der 6. Britischen Luftlandedivision zwischen den Flüssen Orne und Dives abzuspringen, um die Landeplätze für die Gleiter zu sichern, die zusätzliche Truppen und schwere Waffen bringen sollten. Die ersten Absprünge erfolgten jedoch verstreut, und viele Männer versanken unter der Last ihrer Ausrüstung in den überfluteten Sümpfen und ertranken. Doch bei Tagesanbruch hatte General Gale sein Hauptquartier in Ranville eingerichtet, und die Division hatte sich nach allen Seiten eine starke Verteidigungsstellung aufgebaut.

Am anderen Ende des Landungskopfes landeten amerikanische Fallschirmjäger der 82. und 101. Luftlandedivision, um die Halbinsel Cotentin abzuriegeln und die Ausfallstraßen vom Abschnitt "Utah Beach" zu nehmen. Die Deutschen hat-

Der Abschnitt "Utah Beach"

"Utah" war der westlichste Strandabschnitt und das Ziel der 4. US-Infanteriedivision. Die deutschen Verteidigungsstellungen waren durch den massiven Beschuß von der See und aus der Luft schwer in Mitleidenschaft gezogen worden. Die ersten GIs gingen um 6.30 Uhr an Land, unterstützt von zwei Amphibienpanzer-Schwadronen, die ihre "Schürzen" abwarfen und, zur großen Überraschung der Deutschen, das Feuer eröffneten. Pioniere machten sich daran, die Vorstrandhindernisse zu zerstören, damit die größeren Landungsfahrzeuge mit der Flut einlaufen und die Panzer und Lastwagen ausschiffen konnten, während die Truppen die restlichen Feinde in den Dünen vertrieben. Das Problem im Abschnitt "Utah" war, daß die wenigen Ausfallwege vom Strand enge Straßen durch das ten einen großen Teil des Tieflands um die kleine Stadt Sainte-Mère-Église überflutet, wo heldenhafte Kämpfe stattfanden, bevor um 4.00 Uhr morgens das Sternenbanner über dem Rathaus gehißt wurde. Die amerikanischen Fallschirmjäger landeten noch weiter verstreut, und es dauerte fast die ganze Nacht, bis die verschiedenen Regimenter sich gesammelt hatten, was jedoch den Vorteil hatte, daß bei den Deutschen Verwirrung entstand, da ihnen von überall Fallschirmjäger gemeldet wurden.

Die Invasion

12

US-Infanterie bei der Landung in Utah Beach.

◁ und △ **Abzeichen der 4. US-Infanteriedivision und 90. US-Infanteriedivision.**

Den Soldaten folgen die Fahrzeuge. LKWs verlassen den Landungsstrand Utah Beach in Richtung Inland.

Neptune und Overlord

13

Am 6. Juni 1944 über der Normandie abgeworfene Flugblätter. (Die Alliierten kommen).

Abzeichen der 1. US-Infanteriedivision, "The Big Red One".

Abzeichen der 29. US-Infanteriedivision.

Dieses Bild zeigt den Ansturm der Truppen auf Omaha Beach.

überschwemmte Hinterland waren. Zwar war um 13.00 Uhr die Verbindung zu der 101. Luftlandedivision hergestellt, doch wurden mehr Truppen und Fahrzeuge ausgeschifft als ins Inland befördert werden konnten, was zu einem fürchterlichen Stau führte. Die Verluste auf amerikanischer Seite waren jedoch relativ gering, und ihr Kommandeur, General Bradley, konnte Mitte des Vormittags bereits zuversichtlich sein, daß die Landung ein Erfolg gewesen sei.

Der Abschnitt "Omaha Beach"

Im Strandabschnitt "Omaha" war die Lage völlig anders und bestätigte die schlimmsten Befürchtungen Bradleys. Hier sah das Gelände anders aus, da sich in Strandnähe niedrige Klippen befanden, in die der Feind geschickt seine Verteidigungsstellungen eingebaut hatte. Außerdem hatten die Verteidiger kurz zuvor Verstärkung durch ein zusätzliches Regiment erhalten, was den alliierten Geheimdiensten nicht bekannt war. Die meisten Vorab-Bombardements verfehlten ihr Ziel, und als die 1. US-Infanteriedivision vom Landefahrzeug an Land stürmte, wurde sie von einem regelrechten Feuerhagel empfangen. Diejenigen Männer, die das überlebten, suchten Schutz hinter dem Betondamm, wo sie ohne die Möglichkeit vorzurücken festsaßen. Fast alle Amphibienpanzer, die sie hätten unterstützen sollen, wurden zu weit vom Ufer entfernt ausgesetzt und sanken, die Infanterie hilflos zurücklassend. Eine Welle von Landungsfahrzeugen nach der anderen wurde mit der steigenden Flut an Land getrieben, und die Enge und das Gemetzel am Strand nahmen alptraumartige Züge an, doch mit außerordentlichem Mut begannen kleine Gruppen von Männern, sich in Richtung auf die schwer verminten Ausfallpforten zu bewegen.

LES ARMEES ALLIEES DEBARQUENT

Gegen Mittag erwog General Bradley ernsthaft, den Strand aufzugeben, doch nach und nach gelang es seinen Männern, sich landeinwärts zur Küstenstraße durchzukämpfen, wo sie begannen, die Deutschen aus den Steinhäusern des Dorfes zu treiben. Am Abend war ein schwacher Brückenkopf errichtet, und man hatte den Feind endlich vom Strand vertrieben.

Im Rahmen des Angriffs auf den Abschnitt "Omaha" erhielt ein Bataillon der US-Rangers den Auftrag, eine dort vermutete schwere Küstenbatterie auf den Felsen von Pointe du Hoc auszuschalten. Mehrere Landungsfahrzeuge verloren die Orientierung, doch Oberst Rudder gelang es, mit einigen Männern am Fuß der Felsen zu landen, die sie erklimmen mußten. Unter intensivem Beschuß schlugen sie sich nach oben durch, wo sie sich durch den Bunkerkomplex kämpfen mußten, nur um festzustellen, daß die Geschütze verlegt worden waren. Trotzdem blieben sie 48 Stunden lang abgeschnitten, und bei ihrer Entsetzung waren nur noch 90 einsatzfähige Männer übrig.

Die britischen Strandabschnitte

"Gold Beach" war der Abschnitt zwischen Asnelles und La Rivière, das Ziel der 50. Northumberland-Division. Wegen der ungünstigen Witterung wurde beschlossen, die Amphibienpanzer nicht vor der Küste zu Wasser zu lassen, sondern sie direkt auf dem Strand anzulanden. Ihnen folgte eine Reihe von Spezialpanzern, die die Minen räumen, die verbleibenden Bunker vom Feind säubern und, wo nötig, Brücken schlagen sollten, so daß die Infanterie recht zügig landeinwärts vorrücken und den Hügelkamm hinter dem Strand sichern konnte.

Die kanadische 3. Division sah sich im Abschnitt "Juno Beach" beiderseits von Courseulles einer sehr viel schwierigeren Aufgabe gegenübergestellt. Wegen der vorgelagerten Felsen konnte sie erst bei Hochwasser landen, und viele Landungsfahrzeuge wurden beschädigt oder liefen auf Vorstrandhindernisse und sanken. Die Deutschen hatten die Villen und Hotels am Strand befestigt, und diese waren bei dem Bombardement nicht sehr stark beschädigt worden, was zu Verzögerungen führte, als die Truppen landeinwärts zu ihrem Ziel, der Hauptstraße von Caen nach Bayeux und dem Flugplatz in Carpiquet, vorrücken wollten. Trotz erheblicher Verluste gelang es den Kanadiern jedoch, ins offene Gelände vorzustoßen und einen soliden Brückenkopf zu errichten.

Der Abschnitt "Sword" lag zwischen dem Hafen von Ouistreham und Luc-sur-Mer und war wie "Juno" fast auf ganzer Länge durch befestigte Villen gedeckt. Der

Propagandaplakat, das die Franzosen zur Zusammenarbeit mit den alliierten Truppen aufrief.

Neptune und Overlord

15

Lord Lovats Dudelsackpfeifer begleitet die Truppen beim Ansturm auf Ouistreham..

Schulterstücke der kanadischen Truppen.

Anblick von Bernières-sur-Mer, Juno Beach.

britischen 3. Division gelang es mit Unterstützung von Panzern und den verschiedenen "funnies" trotzdem, die Verteidiger zu vertreiben und die Straßen ins Inland freizukämpfen, wobei sie allerdings auf heftigen Widerstand stieß. Die Infanterie wurde von den Kommandos der 1. Sondereinsatz-Brigade begleitet, die den Auftrag hatte, den Hafen zu säubern und dann schnell zum Kanal vorzurücken, um ihre Kameraden zu entlasten, die immer noch die während der Nacht eingenommenen Brücken verteidigten. Unter den Kommandos befand sich auch ein Sonderkommando der Freien Französischen Streitkräfte unter Commandant Kieffer, der das Casino von Riva Bella angriff. In Begleitung seines persönlichen Dudelsackpfeifers erreichte Lord Lovat mit seinen Männern um 13.00 Uhr die Kanalbrücke, eine Szene, die in dem Film *Der längste Tag* verewigt wurde.

Batterie des Atlantikwalls, als Ferienhaus getarnt.

Die Reaktion der Deutschen

Wegen der ungünstigen Witterung hielten die Deutschen eine Landung für äußerst unwahrscheinlich und waren nicht in voller Alarmbereitschaft; außerdem waren sie dem Täuschungsmanöver der Alliierten in vollem Umfang aufgesessen. Rommel war zu Hause in Deutschland, und der Kommandeur der einzigen Panzerdivision befand sich bei seinem Stabschef in Paris. In den ersten Meldungen, die kurz nach Mitternacht eingingen, war von der Landung von Fallschirmjägern die Rede, doch die verwickelte Befehlskette sorgte dafür, daß keine nennenswerten Aktionen erfolgen konnten. Als die Landungsoperationen begannen, gaben die Einheiten entlang der Küste ihr Bestes, wurden aber, außer im Abschnitt "Omaha", bald überwältigt und konnten sich mangels Transportmöglichkeiten nicht wieder sammeln. Die einzige deutsche Einheit, die wirksam hätte eingreifen können, die im Raum Caen stationierte 21. Panzerdivision, war wegen ausbleibender Befehle handlungsunfähig, und als endlich Weisungen ergingen, waren diese widersprüchlich. Ein Infanterieregiment der Division hatte östlich der Stadt Berührung mit der britischen 6. Luftlandedivision, vermochte aber die britische Verteidigung nicht zu durchbrechen. Erst am Nachmittag des D-Day konnte eine Kampfgruppe der Division aus leichten Panzern westlich von Caen einen Gegenangriff führen, der auf die Lücke zwischen den Abschnitten "Juno" und "Sword" zielte. Einige Fahrzeuge erreichten tatsächlich die Küste, doch die Angriffstruppen hatten sich zu diesem Zeitpunkt ausreichend formiert, um sie zurückzuschlagen.

VÖLKISCHER BEOBACHTER

Münchener Ausgabe
159. Ausg. 57. Jahrg. Einzelpreis 15 Rpf., auswärts 20 Rpf.

"Freiheit und Brot!"

Münchener Ausgabe
München, Mittwoch, 7. Juni 1944

Kampfblatt der nationalsozialistischen Bewegung Großdeutschlands

Invasion setzte zwischen Cherbourg und Le Havre auf Moskaus Befehl ein

So begann die Schlacht im Westen

Der mit aller Energie sofort aufgenommene Kampf unserer Wehrmacht gegen die Aggressoren ist in vollem Gange

Die Sowjetoffensive am Kanal
Von Helmut Sündermann

Starke Teile der Luftlandedivisionen vernichtet
Berlin, 6. Juni

Um Leben und Freiheit Europas
V.B. München, 6. Juni

Es geht um die Entscheidung
V.B. Berlin, 6. Juni

Der Schauplatz der Invasion
Von unserem Marinemitarbeiter Erich Gladschey

Die Nazi-Zeitung verkündet, daß der Kampf im Westen begonnen hat.

Von Rundstedt war wie Hitler immer noch überzeugt, die Landungsoperationen in der Normandie seien ein Ablenkungsmanöver, und weigerte sich, zur Verstärkung der bröckelnden Front in der Normandie Divisionen aus dem Raum Calais abzuziehen. Im Laufe des Nachmittags beorderte er jedoch vorsorglich die 12. SS-Panzerdivision und die Panzerlehrdivision sowie verschiedene Infanterieeinheiten aus der Bretagne an die Front.

Der Abend des D-Day

Bis zum Einbruch der Dunkelheit war den Alliierten die Landung von 130 000 Mann und 22 000 Fallschirmjägern gelungen, wobei ihre Verluste mit insgesamt 9 500 Gefallenen, Verwundeten und Vermißten sehr viel geringer waren als erwartet. Die Landungsoperationen waren außerordentlich erfolgreich gewesen, doch man hatte nicht alle ursprünglichen Ziele erreicht. Im Osten war es der britischen 3. Division nicht gelungen, Caen einzunehmen, und die Kanadier stießen beim Flugplatz Carpiquet auf heftigen deutschen Widerstand. Als Erfolg

△ *Amerikaner kämpfen
in den Ruinen
einer normannischen Stadt.*

◁ *Amerikanische
Soldaten und Kriegsmaterial
am Abend des D-Day.*

war jedoch zu verzeichnen, daß Patrouillen bis in die Vororte von Bayeux vorgedrungen waren. Britische Marinekommandos landeten im Abschnitt "Gold" und säuberten Arromanches, den Standort eines der Mulberry-Häfen. Im amerikanischen Sektor war der Brückenkopf im Abschnitt "Omaha" immer noch gefährdet, und im Abschnitt "Utah" befanden sich Infanterie und Fallschirmjäger in einer erbitterten Schlacht mit einer Eliteeinheit der deutschen Luftlandetruppen um die entscheidenden Brücken bei Carentan, die eingenommen werden mußten, damit die beiden Brückenköpfe zu einer durchgehenden Front verbunden werden konnten.

Sicherung des Geländes

Die Strategie Montgomerys

"Montys" unmittelbare Ziele waren die Verbindung der beiden amerikanischen mit den britischen Landungsköpfen, die Errichtung der Mulberry-Häfen und dann der Start einer Offensive in westlicher Richtung mit einem amerikanischen Korps, um Cherbourg einzunehmen. Sein Hauptproblem war logistischer Natur: er mußte Männer und Material schneller an Land bringen, als die Deutschen Verstärkung an den Kampfplatz befördern konnten, und am 11. Juni verfügte er über sechzehn Divisionen an Land, denen vierzehn feindliche Divisionen gegenüberstanden. Außerdem durfte er sich nicht das Heft aus der Hand nehmen lassen und dem Feind keine Zeit lassen, sich auf einen Gegenangriff zu konzentrieren. Sein Hauptvorteil lag in der absoluten Luftüberlegenheit, und alliierte Jagdbomber griffen die zwei Panzerdivisionen, die sich auf dem Anmarsch zur Front befanden, gnadenlos an. Durch die Einrichtung improvisierter Landeplätze in der Normandie erhöhte sich die Reichweite der Bomber erheblich, was die Deutschen immer mehr dazu zwang, nur nachts oder bei schlechtem Wetter vorzurücken.

Montgomerys Strategie bestand während der gesamten Kämpfe im Wesentlichen darin, die deutschen Panzer im Raum Caen zu binden, damit die Amerikaner die Halbinsel Cotentin abschnüren und dann südlich in Richtung Bretagne vorrücken konnten.

Wartung und Neubestückung einer Spitfire auf einem Landeplatz in der Nähe der Landungsstrände.

Der amerikanische Sektor

Die Schlacht um die Brücken in Carentan war ein verlustreicher Kampf in den überfluteten Wiesen, und die Stadt wurde erst am 11. Juni eingenommen, womit die Verbindung der Landungsköpfe in den Abschnitten "Utah" und "Omaha" möglich wurde. Bradley hatte vor allem zwei Aufgaben: nach Süden vorzurücken und die Kreuzungen auf den Straßen nach Coutances und Saint-Lô zu besetzen sowie nach Westen vorzustoßen und Cherbourg zu erobern. Nachdem sie sich über die überfluteten Wiesen südlich von Sainte-Mère-Église vorgekämpft hatten, gelang es den GIs am 18. Juni, im Süden bei Barneville auf der anderen Seite der Halbinsel Cotentin das Meer zu erreichen und damit alle deutschen Streitkräfte im Raum Cherbourg einzuschließen. Gleichzeitig startete ein anderes Armeekorps von Carentan aus eine Offensive in Richtung Saint-Lô, die in der normannischen Bocage schon bald zum Stillstand gebracht wurde.

Amerikaner auf dem Vormarsch durch die Bocage-Landschaft.

Das Problem Bocage

Die für weite Teile der Normandie charakteristische Bocage-Landschaft besteht aus kleinen Feldern, umgeben von hohen Böschungen und alten Hecken, die sich als ideales Gelände für die Verteidigung erwiesen. Es zeigte sich, daß die kleinen, engen Hohlwege vollkommen ungeeignet für Panzer waren, da diese von den Hecken aus leicht abgeschossen werden konnten, und der Feldzug flaute von einer zügigen Marschbewegung schon bald zu Vorstößen kleiner Infanterietruppenteile ab, die sich Meter um

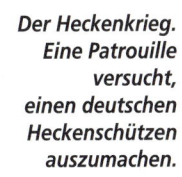

Der Heckenkrieg. Eine Patrouille versucht, einen deutschen Heckenschützen auszumachen.

Panzerverstärkung in den Ruinen des Hafens von Cherbourg, zur Abfahrt an die Front bereit.

Meter vorarbeiten mußten. Die Deutschen kämpften tapfer um jedes Feld und waren durch Luftangriffe nur schwer aus den Stellungen zu werfen. Doch ehe die Alliierten die Deutschen nicht aus der Bocage vertrieben hatten, konnten sie nicht in das offenere Gelände südlich von Caen durchbrechen und ihre Panzerdivisionen einsetzen.

Die Eroberung von Cherbourg

Nachdem die Halbinsel Cotentin abgeschnitten worden war, konnte General Collins nach Norden in Richtung Cherbourg vorstoßen, das gemäß Hitlers Befehl bis auf den letzten Mann verteidigt werden sollte. Erneut leisteten die Deutschen Widerstand, doch am Abend des 21. Juni hatten die Amerikaner die Hügel erreicht, von denen aus man den Hafen überblickt. Sie fanden sich einer Reihe von Betonbunkern gegenüber, die einer nach dem anderen zerstört werden mußten, ehe man durch die engen Hohlwege in die Stadt vorrücken konnte. Die Deutschen begannen, die Hafenanlagen zu zerstören, doch am 26. Juni wurde der Schlüssel zur Verteidigung, das Fort du Roule, genommen. Der Garnisonskommandant ergab sich den Amerikanern, aber der Widerstand aus einigen Befestigungsanlagen hielt sich noch einige Tage. Cherbourg war der einzige für große Schiffe geeignete Hafen in der Normandie und somit eine Beute von entscheidender Bedeutung, doch die Alliierten konnten ihn erst Anfang August wirksam nutzen.

Der britische Sektor

Entsprechend seiner allgemeinen Strategie war Montgomery entschlossen, die deutsche Panzerdivision auch weiterhin im Raum Caen festzunageln und gleichzeitig einen Umfassungsangriff auf die Stadt zu versuchen. Der von den Luftlandetruppen geschlagene Brückenkopf im Osten war zu schmal, um ihn zu nutzen, deshalb gab Montgomery dem Befehlshaber der 2. Armee, General Dempsey, den Befehl, im Westen anzugreifen. Caen am 6. Juni nicht zu nehmen, war ein folgenschwerer Fehler, und die Kanadier waren um Carpiquet von Teilen der 12. SS-Panzerdivision gebunden. Kaum besser erging es Dempseys Truppen, als ihr Versuch, Tilly-sur-Seulles zu erobern, von Einheiten der frisch eingetroffenen Panzerlehrdivision verei-

Panther der Panzer-Lehr-Division bei Falaise.

Senkkästen des Mulberry-Hafens während ihrer Fertigstellung in England.

Zerstörungen im künstlichen Hafen von Arromanches nach dem Sturm.

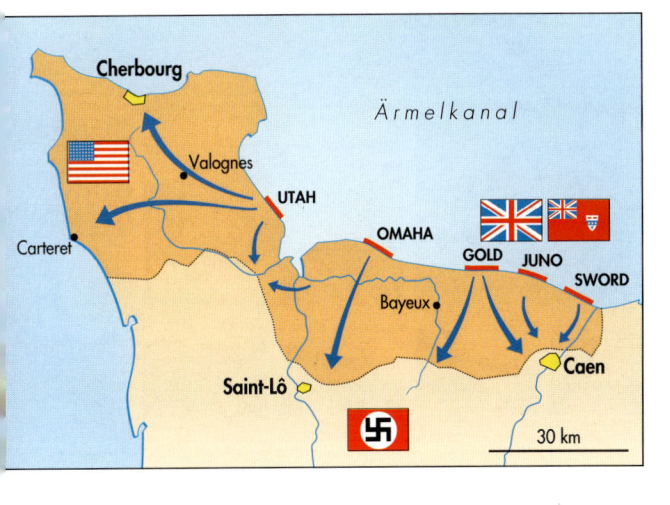

Lage Anfang Juli 1944. Karte über den Ausbau der fünf Brückenköpfe und der Einnahme von Cherbourg.

telt und die 7. Panzerdivision aus Villers-Bocage vertrieben wurde. Am 13. Juni kam die Offensive zum Stillstand, ohne daß wesentliche Geländegewinne zu verzeichnen gewesen wären, was dem Feind eine entscheidende Atempause bescherte, in der er Verstärkung herbeischaffen und seine Verteidigung aufbauen konnte.

Logistik

Am 7. Juni begannen die ersten Teile der Mulberry-Häfen einzutreffen, von denen einer im Strandabschnitt "Omaha" und einer bei Arromanches errichtet wurde. Beide waren bis zum 18. Juni mehr oder weniger fertiggestellt, doch an den folgenden drei Tagen kam die Katastrophe. Ein heftiger Sturm über der gesamten Küste zerstörte die Hafenanlage im Abschnitt "Omaha" völlig und beschädigte die in Arromanches schwer. Letztere wurde repariert und leistete wertvolle Dienste, doch das Unwetter bedeutete einen schweren Rückschlag für Montgomerys Bemühungen, seine Streitkräfte schneller aufzubauen, als die Deutschen die ihren verstärken konnten. Er war gezwungen, Munition und Treibstoff zu sparen, bis die Vorräte für eine weitere Großoffensive ausreichten.

Patt

Das Scheitern der Operation Epsom

Montgomery plante, die Offensive am 23. Juni mit einem Angriff mit drei Divisionen zur Errichtung eines Brückenkopfes über den Odon westlich von Caen wiederaufzunehmen und auf die Orne vorzustoßen. Der Sturm führte jedoch zu Verzögerungen bei der Landung weiterer Truppen, und Montgomery konnte seine Operation erst fünf Tage später beginnen. In der Zwischenzeit konnten die Deutschen ihre Truppen erheblich verstärken, und am Monatsende verfügten sie über acht Panzerdivisionen in der Normandie. Erneut verhinderte das Wetter den Einsatz von Flugzeugen, doch nach heftigstem Artilleriebeschuß konnte die Infanterie im strömenden Regen den Fluß an mehreren Stellen überqueren. Am 29. Juni gelang es der 11. Panzerdivision, die strategische Höhe 112 zu nehmen und trotz deutscher Gegenangriffe zu halten, doch Dempsey hielt die Antwort des Feindes für viel heftiger, als sie tatsächlich war. Er beschloß, seine Panzer hinter den Odon zurückzuziehen, womit er den Deutschen die Rückeroberung der Höhe 112 ermöglichte, und die Offensive verkam zu einem Zermürbungskampf. Die Briten hatten 4000 Mann verloren und, obwohl sie die feindlichen Einheiten empfindlich getroffen hatten, eine schwere Niederlage erlitten.

Informationsplakat der Alliierten über den amerikanischen Durchbruch nach der Operation Cobra.

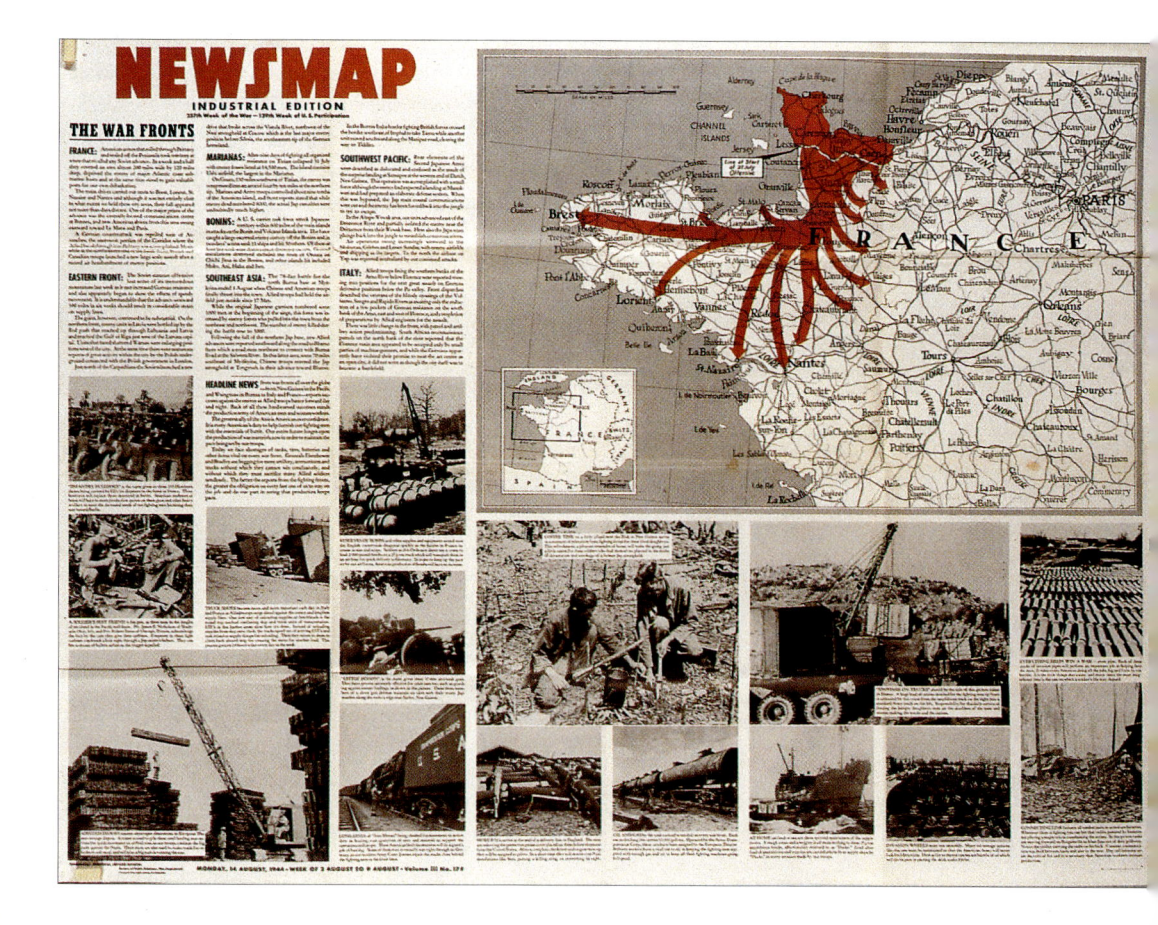

Die Amerikaner in der Bocage

Nachdem Bradley Cherbourg erobert hatte, lenkte er seine Aufmerksamkeit auf Saint-Lô, das als Knotenpunkt eines wichtigen Straßennetzes eingenommen werden mußte. Am 3. Juli führte er einen Angriff mit zwei Spitzen, wobei vier Divisionen auf La-Haye-du-Puits vorstießen und ein Verband gleicher Stärke auf der Straße von Carentan nach Périers vorrückte. Obwohl die Amerikaner auf relativ schwache deutsche Divisionen trafen, führten diese in der Bocage und den überschwemmten Tälern einen energischen Verteidigungskampf. Trotz der Überlegenheit der Amerikaner in Bezug auf Luftunterstützung und Artillerie kam ihre Offensive am 10. Juli zum Stillstand, obwohl es ihnen gelang, La-Haye-du-Puits zu nehmen. Bradley schickte frische Truppen ins Gefecht, und der schreckliche Zermürbungskrieg dauerte weitere neun Tage, ehe die erschöpften GIs die rauchenden Ruinen von Saint-Lô einnahmen.

Operation Charnwood

Während die Amerikaner in der Bocage litten, starteten die Engländer eine größere Offensive mit dem Ziel, Caen vom Feind zu säubern, in der Hoffnung, das offene Gelände im Süden in Richtung Falaise zu gewinnen. Am 3. Juli griffen die Kanadier bei Carpiquet die 12. SS-Panzerdivision an, wobei sie Geschütze eines Schlachtschiffes und Schwärme von Jagdbombern unterstützten. In einer dreitägigen Schlacht hatten beide Seiten in den Ruinen des Flugplatzes schlimme

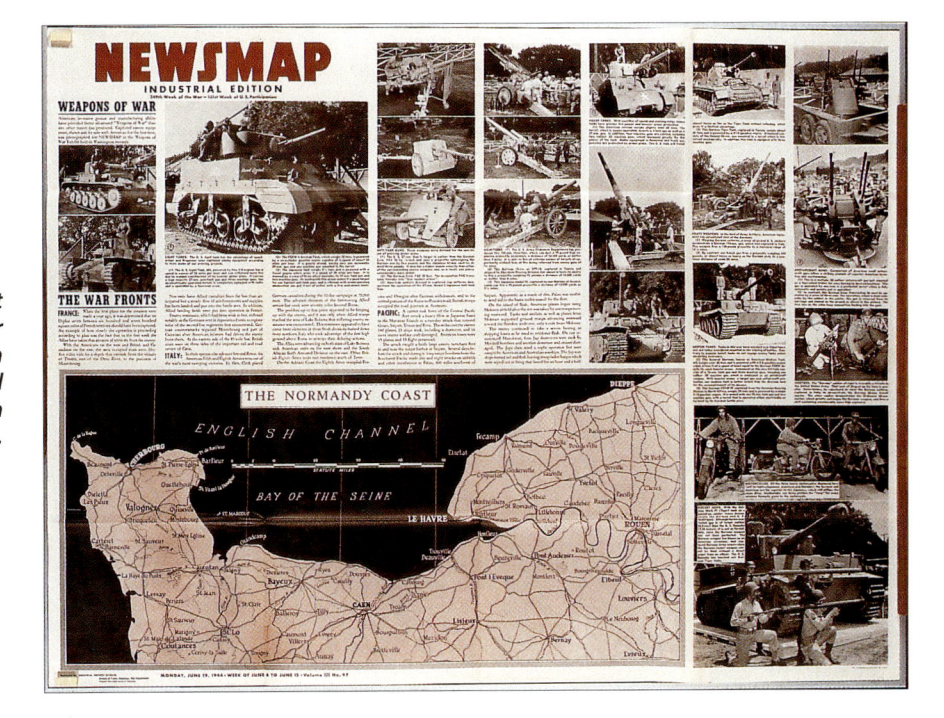

Amerikanische Jeeps auf dem Weg nach der zerstörten Stadt Saint-Lô.

Alliiertes Plakat mit Darstellung der normannischen Küste und verschiedenen Waffenarten.

Caen in Trümmern nach den Bombenangriffen.

Verluste zu verzeichnen, ehe die SS endlich den Rückzug über die Orne antrat.

Die Eroberung von Carpiquet machte den Weg frei für einen Frontalangriff auf Caen, der am Abend des 7. Juli mit einem massiven Bombardement aus der Luft begann, das die historische Stadt verwüstete. Zwei Tage lang kämpfte sich die Infanterie durch die Ruinen, konnte aber nur den nördlichen Teil besetzen, während der Feind sich auf der Südseite der Orne fest verschanzt hatte. Obwohl Montgomery erklärte, einen großen Sieg errungen zu haben, war sein Ziel nur insofern erreicht, als er alle feindlichen Panzerdivisionen gebunden und von der amerikanischen Front ferngehalten hatte.

Die Lage der Alliierten

Anfang Juli begann die amerikanische Presse, Montgomerys Führung in diesem Feldzug offen zu kritisieren und ihm vorzuwerfen, er sei übervorsichtig, und seine Taktik koste amerikanischen Soldaten das Leben. Auf dem Schlachtfeld war mehr oder weniger eine Pattsituation eingetreten: die Briten hatten immer noch nicht genug Terrain zum Manövrieren gewonnen, und die Amerikaner saßen in ungünstigem Gelände fest. Die Deutschen hatten jedoch starke Verluste erlitten, und

Tausende Einwohner der Stadt waren obdachlos geworden.

Feldmarschall von Kluge bei einer Besprechung mit Stabsoffizieren.

Propagandaplakat mit einem Soldaten und einem Widerstandskämpfer, die Seite an Seite kämpfen.

Montgomery war sich durchaus bewußt, daß viele ihrer Panzerdivisionen kaum mehr waren als Regimenter. Die feindliche Verteidigung würde über kurz oder lang zusammenbrechen, und er würde entscheiden wo. Trotz der oft vernehmlichen Kritik blieb Montgomery ruhig und beharrte darauf, daß seine Strategie richtig sei. Sein unmittelbares Ziel war die Konsolidierung der amerikanischen Linien entlang der Straße von Saint-Lô nach Périers, woraufhin er einen massiven Angriff in Richtung Avranches und die Bretagne starten wollte. Gleichzeitig sollten seinem Gesamtplan entsprechend die Engländer die südlichen Teile von Caen säubern und in Richtung Falaise vorstoßen.

Das Dilemma der Deutschen

Am 2. Juli wurde von Rundstedt, als er dem Oberkommando der Wehrmacht nahelegte, Frieden zu schließen, von Hitler abgesetzt und durch Generalfeldmarschall von Kluge ersetzt. Vier Tage später wurde der Befehlshaber der Panzertruppen in der Normandie ebenfalls abgelöst, und am 18. Juli erlitt Rommel bei einem Luftangriff auf seinen Wagen schwere Verletzungen. Veränderungen an der Spitze hatten jedoch kaum Auswirkungen auf die Gefechtsführung. Die Deutschen hatten sich großartig verteidigt, doch das Blatt wendete sich zugunsten der Alliierten. Da Hitler darauf bestand, keinen Quadratmeter Gelände aufzugeben, waren die deutschen Truppenführer gezwungen gewesen, ihre Panzerdivisionen aufzufahren, um Löcher in die Front zu schlagen, anstatt sie zu einem Gegenangriff zu sammeln. Die Luftüberlegenheit der Alliierten hatte ihre Möglichkeiten, sich mit Nachschub zu versorgen, schwer beeinträchtigt. Es wäre folgerichtig gewesen, wenn die Deutschen ihre Linien durch einen Rückzug hinter die Seine verkürzt hätten, doch die bloße Erwähnung eines Rückzugs war für Hitler tabu. Als Montgomery seine Streitkräfte zum endgültigen Durchbruch ins offene Gelände sammelte, verfügten die Deutschen noch über eine Menge Kampfgeist, doch Mitte Juli war ihre Niederlage bereits besiegelt.

Operation Goodwood

Während die Amerikaner Saint-Lô von den letzten Verteidigern säuberten und sich zu den Hügeln über der Straße von Saint-Lô nach Périers vorkämpften, plante Montgomery einen weiteren Angriff, um die deutschen Panzertruppen um Caen zu binden. Sein Ziel war es, mit dem Vorstoß von drei Panzerdivisionen auf einer engen Front östlich der Stadt die Höhe von Bourguébus oberhalb der Straße nach Falaise zu besetzen. Am Abend des 18. Juli sollte ein massives Bombardement durch Flugzeuge und Kriegsschiffe die feindliche Verteidigung ausschalten, doch als die Panzer ausrückten, wurden sie durch die wirkungsvollen deutschen Panzerabwehrkanonen schnell gestoppt. Die Offensive kam zum Stillstand, und alles, was Montgomery angesichts der schweren Verluste vorweisen konnte, war eine erfolgreiche Offensive der Kanadier, mit der die südlichen Vororte von Caen gesäubert wurden. In Eisenhowers Hauptquartier in England verlangte man die Absetzung Montgomerys, doch die war politisch unmöglich.

Vorbereitungen für die Operation Cobra

"Cobra" war der Deckname für den Durchbruch der Amerikaner, der eigentlich am 20. Juli beginnen sollte, von Bradley jedoch wegen anhaltenden Regens verschoben werden mußte. Als sich seine Truppen entlang der Ausgangslinie formierten, standen ihnen 30 000 Deutsche, aber nur eine Panzerdivision, die Panzerlehrdivision, gegenüber. Zusätzlich stand General Patton, der am 1. August den Befehl über die 3. US-Armee übernehmen sollte, bereit, um durch die geschlagene Bresche vorzustoßen. Am 24. Juli wurde die Operation erneut aufgrund der Wetterlage verschoben, doch der Befehl ging zu spät ein, um eine Gruppe von Bombern aufzuhalten, die sich bereits in der Luft befanden. Ein riesiger Bombenteppich ging nieder, doch viele Geschosse verfehlten ihr Ziel und trafen die amerikanischen Linien, wo sie schwere Verluste forderten.

Der Durchbruch

Ein Priester mit einem alten Stahlhelm bringt seine Habseligkeiten in Sicherheit.

▷ *Amerikanische Kolonne bei Coutances nach dem Durchbruch.*

▷▷ *Britischer "Tommy" in den Trümmern eines normannischen Dorfes.*

▽ *Karte der Einkesselung der Deutschen bei Falaise.*

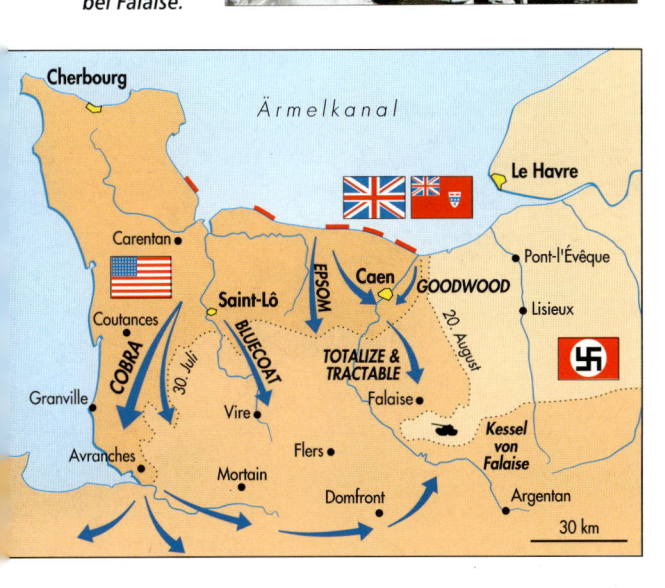

Operation Cobra

Trotz des sehr schlechten Wetters gab Bradley am 25. Juli das Startsignal, und nach einem weiteren heftigen Bombardement rückten die GIs über die Straße von St. Lô nach Périers vor. Die ersten Gefechte waren zögerlich, doch am 27. Juli wurden die dünnen feindlichen Linien auseinandergerissen, und General Collins stellte fest, daß der Weg für seine Panzer frei war. Daraufhin ließ Bradley Patton mit einem starken Panzerkorps vorstoßen, und dieser rückte schnell in westlicher Richtung auf Avranches vor und überließ es der Infanterie, den verbleibenden Widerstand zu zerschlagen. Er erreichte die Stadt am 30. Juli, eroberte die Brücken in intaktem Zustand und brach unaufhaltsam in die Bretagne durch. Andere Einheiten bewegten sich auf Le Mans und die Loire zu. Endlich kam Bewegung in die Schlacht.

Operation Bluecoat

Montgomery hielt es für unabdingbar, Bradleys rechten Flügel zu unterstützen und die feindlichen Divisionen südlich von Caen zu binden. Er gab den Kanadiern den Befehl zur Säuberung der Höhe von Bourguébus, um die Straße nach Falaise freizumachen und ließ die 2. Britische Armee eine Großoffensive westlich der Stadt in Richtung Vire starten - die Operation Bluecoat. Am 30. Juli begann der Angriff der Briten, wurde aber durch starken Widerstand in der Bocage gebremst. Trotzdem eroberten sie Bény-Bocage, und Patrouillen stießen nach Vire vor und zwangen die Deutschen, allmählich zurückzuweichen, da die Amerikaner bereits ihre rückwärtigen Bereiche bedrohten. Montgomery war enttäuscht, daß der Angriff so langsam voranging und setzte die Kommandeure eines Korps und einer Panzerdivision ab.

Das letzte Wagnis: Mortain

In seinem fernen Hauptquartier konnte Hitler erkennen, daß Avranches eine ernsthafte Bedrohung für seine gesamte Front in der Normandie darstellte, und am 2. August gab er von Kluge Befehl, insgesamt acht Panzerdivisionen zusammenzuziehen, um Pattons Nachschublinien zu unterbrechen. Kluge, der es vorgezogen hätte, den Rest seiner Streitkräfte hinter die Seine zurückzuziehen, mußte sich fügen, doch aufgrund britischen Drucks bekam er lediglich vier Divisionen mit nur insgesamt 250 Panzern zusammen. Unter dem Schutz tiefer Wolken gingen die Deutschen zum Angriff auf Mortain in Stellung, doch Bradley war über ihre Pläne im Bilde und stellte seine Truppen so auf, daß sie sie blockieren konnten. Am 7. August griff der Feind in dichtem Nebel an und verzeichnete zunächst Geländegewinne von ca. 20 km, doch mittags klarte das Wetter auf, und die dichten Panzerkolonnen waren leichte Beute für die Jagdbomber. Bald waren die Straßen verstopft und voller brennender Fahrzeuge, während die Überlebenden dem Inferno zu entkommen versuchten.

An diesem Punkt sah Bradley die Chance, den Deutschen in der Normandie eine totale Niederlage beizubringen, und Montgomery befürwortete seinen Plan. Angesichts der Auflösung der feindlichen Truppen gab Bradley Anweisung, daß ein Teil von Pattons Armee in Richtung Le Mans in ihren Rückraum vorstoßen sollte. Gleichzeitig sollten die Briten auf der anderen Seite auf Falaise vorrücken und die deutsche 7. Armee zangenartig in einer massiven Falle einschließen.

Der Preis des Mißerfolgs, zerstörte Panzer vom Typ Tiger bei Mortain.

Die Straße Caen-Falaise

Ende Juli hatten die Kanadier den Status einer vollen Armee erhalten, deren Auftrag lautete, in südlicher Richtung nach Falaise vorzustoßen. Zu einem Zeitpunkt, als die feindlichen Panzertruppen größtenteils um Mortain gebunden waren, begann die Operation Totalize am 7. August, nach einem weiteren heftigen Luftangriff. Zunächst ging es schnell voran, doch dann erkannte der Feind die Lage und konnte eine neue Verteidigungslinie formieren. Um die Lücke zu schließen und sich mit den

Kanadische Sherman-Panzer warten auf den Vorstoß auf Falaise.

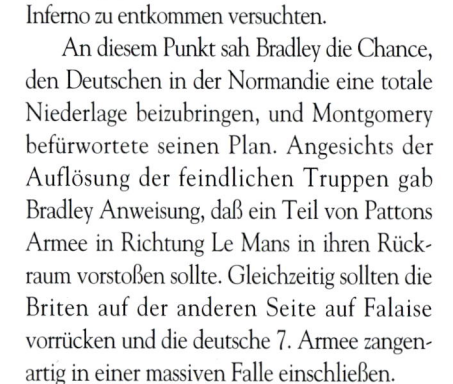

Der Durchbruch

▽▷ *Der Korridor des Todes. Überreste der Deutschen 7. Armee.*

▽ *Kanadische Kolonne in den Trümmern von Falaise.*

Amerikanern zu vereinigen, mußte Montgomery schnell vorankommen, und so ließ er am 14. Juli zwei Panzerdivisionen in südlicher Richtung auf die Dives vorrücken, über die die ersten Deutschen bereits den Rückzug antraten. Am 17. August erreichte die kanadische Infanterie die Ruinen von Falaise, während die Amerikaner sich Argentan näherten. An diesem Punkt gerieten die alliierten Befehlshaber in Sorge, ihre Streitkräfte könnten aufeinanderprallen, weshalb die immer noch umstrittene Entscheidung fiel, den Vormarsch des amerikanischen XV. Korps zu stoppen.

Die Falle schließt sich

Am 16. August hatte der Rückzug von 100 000 Deutschen begonnen, die über die Dives in Richtung Vimoutiers und die Seine strömten. Am Abend des folgenden Tages gelang es der polnischen 1. Panzerdivision, die Ormel-Anhöhe am Rand des Tales zu nehmen, und bei klarer Witterung richteten die Jagdbomber unter den dichtgedrängten deutschen Kolonnen ein schreckliches Blutbad an. Alle kleinen Straßen hinunter zum Fluß waren übersät mit Fahrzeugwracks, Toten und Pferdekadavern. Erst als am 22. August Polen und Amerikanern bei Chambois der Schulterschluß gelang, wurde der Kessel endgültig geschlossen, womit der Feldzug in der Normandie offiziell beendet war. Der Feind ließ einen Großteil seiner Fahrzeuge, zehntausend Tote und fünfzigtausend Gefangene zurück, doch 20 000 konnten sich in letzter Minute, als die Angriffe schon nachließen, aus der Zange der Amerikaner befreien und noch einen Tag lang kämpfen.

Fazit

In den hundert Tagen der Schlacht um die Normandie formierte sich eine alliierte Großstreitmacht auf französischem Boden und machte sich gemeinsam mit den am 15. August in Südfrankreich gelandeten Truppen bereit, den Rest des Landes zu befreien. Der D-Day selbst war ein großartiger Erfolg gewesen, doch danach hatte das schwierige Gelände in Verbindung mit dem schlechten Wetter die Alliierten in ihren Anstrengungen behindert. Trotz der massiven Kritik an Montgomery läßt sich nur schwer die Frage beantworten, wie er anders hätte handeln können, ehe es den Briten und Amerikanern gelang, sich aus der Bocage zu befreien, die vom Feind hartnäckig und mit großem Geschick verteidigt wurde.

In der Schlacht um die Normandie hatte Deutschland hohe Verluste erlitten : 240 000 Tote bzw. Verletzte und 210 000 Gefangene. Dazu waren 1 500 Panzer und 3 500 Kanonen zerstört sowie zwei deutsche Armeen - darunter eine ganze Panzertruppe - zerschlagen worden. Der Weg nach Frankreich war nun endlich frei.

Plakate verkünden den Sieg in der Normandie und die Befreiung.

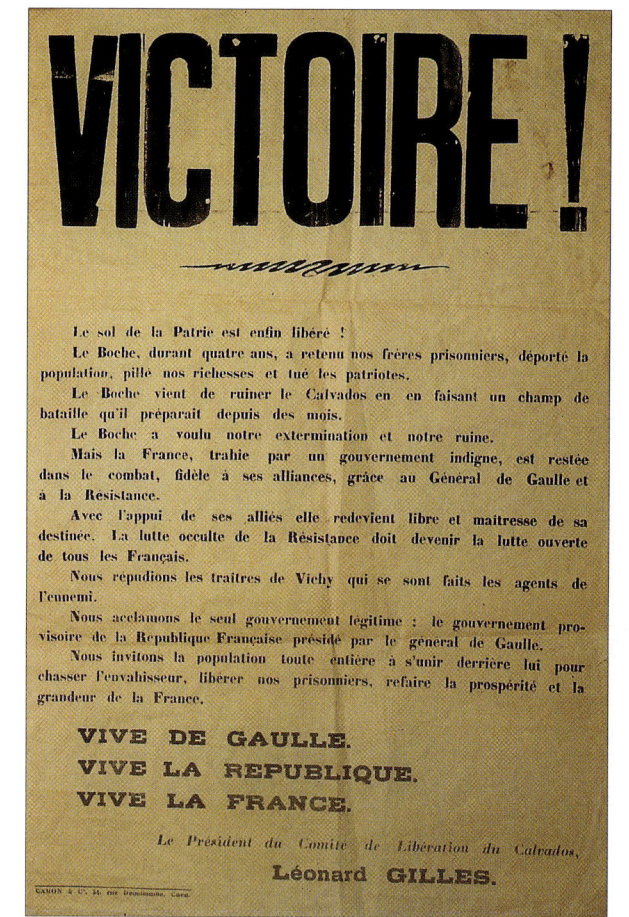

Bildnachweis

SHAA : p. 2 (o). **BDIC** : p. 2 (u). **T. JULLIEN** : p. 3 (u). **MEMORIAL DE CAEN** : pp. 3 (o), 4, 5, 9 (o), 10 (op), 11, 12 (m und or), 13 (m et p),15 (m), 17, 18-19, 20, 21, 23 (m), 24, 25, 27, 29 (p), 30, 32. **Mémorial/M. Seyve** : pp. 7 (o), 8, 9 (u), 10 (or), 14. **IWM** : pp. 6, 11(o), 15 (o et u), 23 (o), 26, 29 (r), 31 (r). **ARCHIVES NATIONALES DU CANADA** : pp. 10 (u) PA-133757, 31 (p) PA-115570. **DITE** : pp. 12 (op und u), 13 (u), 22 (o). **BUNDESARCHIV** : p. 16. **ECPA** : pp. 22 (u), 28.
Die Abbildungen der Umschlagseite befinden sich auf den Seiten 7, 11, 14 und 15.

Karten: AFDEC, Paris

© 1996 - Édilarge S.A. - Éditions Ouest-France, Rennes
ISBN 2.7373.2104.2 - Dépôt légal : juin 1996 - N° d'éditeur : 3492.02.1,5.06.99
Technic Plus Impression, Betton (35)